1 漢字の読み 1

出る順 ランク A

合格 11／15

得点

◆次の——線の漢字の読みをひらがなで書きなさい。

□ 1 森を守るためには地道な努力がいる。

□ 2 きずのいたみが治まってきた。

□ 3 百貨店で夏物の衣類を買う。

□ 4 アジサイの花が青みを帯びて美しい。

□ 5 決勝戦で敗れてくやしかった。

□ 6 町内でひなん訓練が行われた。

□ 7 電灯に小さな虫が集まっている。

□ 8 家族を養うためにはたらく。

□ 9 新潟県は日本海に面している。

□ 10 数の位に気を付けて計算する。

□ 11 日照時間がだんだんと短くなる。

□ 12 校庭に出て仲良く遊んだ。

□ 13 広い草原で羊を放牧している。

□ 14 自然の大切さを改めて知った。

□ 15 このいすは高さが調節できる。

2 漢字の読み 2

出る順 ランク A

合格 11／15

得点

◆次の――線の漢字の読みをひらがなで書きなさい。

□ 1 **辺**り一面にコスモスがさいている。

□ 2 長年の努力で研究の**成果**が上がる。

□ 3 おばあさんは**老**いても元気だ。

□ 4 花だんにパンジーの**種**をまく。

□ 5 コンサートの会場は**満員**だった。

□ 6 川の**清流**に足をひたした。

□ 7 朝夕の気温が**低**くなってきた。

□ 8 **愛媛**県はミカンの産地として有名だ。

□ 9 庭園の**松**の緑があざやかだ。

□ 10 早春の川岸をひとりで**散歩**する。

□ 11 係の仕事に**熱心**に取り組む。

□ 12 二つの都市は新しい道路で**結**ばれる。

□ 13 **勇気**を出して自分の意見をのべる。

□ 14 朝の会で先生に**民話**を読んでもらった。

□ 15 電力のむだな消費《ひ》を**省**こう。

3 漢字の読み 3

出る順 ランクA

合格 11/15

得点

◆次の――線の漢字の読みをひらがなで書きなさい。

1 姉はスイカに食塩をふって食べる。

2 「海の日」は国民の祝日です。

3 今日の夕焼け雲は実に美しい。

4 台本のせりふをしっかり覚える。

5 本を読んで自然の大切さを学ぶ。

6 新聞の折りこみ広告《こく》を見る。

7 発明家エジソンの伝記を読む。

8 スーパーが近いので買い物に便利だ。

9 わたり鳥が北の方から飛んでくる。

10 埼玉県は東京都の北にある。

11 銀行員が札束を金庫に入れる。

12 駅前に大きな百貨店ができた。

13 地しんに強い家を建てる。

14 係の人が学級新聞を印刷する。

15 鉄は熱いうちに打て

4 漢字の読み 4

出る順 ランクA

合格 11/15

得点

◆次の――線の漢字の読みをひらがなで書きなさい。

1 明るい月があたりを照らす。
2 ヒヤシンスの球根が発芽した。
3 オリンピックはスポーツの祭典だ。
4 グループごとに固まって見学した。
5 森の中の湖は静まり返っていた。
6 国語の時間に習った詩を暗唱する。
7 カキの木に実が二つ残っている。
8 住民の力で町の治安を守る。
9 大会で新記録が続出する。
10 ツバメのひなが巣から顔を出す。
11 要点をまとめて話をする。
12 朝から冷たい風がふいている。
13 交通の便と産業の関係を調べる。
14 浅い川も深くわたれ
15 いじめをなくすことは大きな課題だ。

1	2	3	4	5	6	7	8	9	10	11	12	13	14	15

5 漢字の読み 5

出る順 ランク A

合格 11/15

得点

◆次の――線の漢字の読みをひらがなで書きなさい。

1 緑ゆたかな山里の風景を写真にとる。
2 友人と校庭で遊ぶ約束をする。
3 氷がはった池の周りを散歩する。
4 弟は父にしかられて泣いた。
5 少年野球のクラブに加入する。
6 話題になっている小説を読んだ。
7 公園の鹿にエサをあたえる。
8 父はテレビで競馬の中けいを見ている。
9 この町は木材の集散地として栄えた。
10 コートのボタンを付けかえる。
11 今日は記録的な暑さだった。
12 梅の木でメジロが鳴いている。
13 ダムの水位が低下する。
14 動物園でパンダを初めて見た。
15 良薬は口に苦し

6

漢字の読み 6

出る順 ランク A

合格 11／15

得点

◆次の——線の漢字の読みをひらがなで書きなさい。

□ 1 健康や安全に注意して生活する。

□ 2 神社に参って家内安全をいのる。

□ 3 希望に満ちて新学期をむかえる。

□ 4 それはくらしに直結する問題だ。

□ 5 トラックに大きな荷物を積む。

□ 6 街角で新聞の号外を配っていた。

□ 7 拾った枝《えだ》を縄でしばる。

□ 8 地球の温暖化をふせぐことが重要だ。

□ 9 大阪城の堀にそって歩く。

□ 10 滋賀県には日本一大きな湖がある。

□ 11 アジサイの花がむらさき色に変わる。

□ 12 昨夜は海岸で花火大会が開かれた。

□ 13 どの観光地も人でいっぱいだ。

□ 14 あの先生は博学で話がおもしろい。

□ 15 ねこの手も借りたい

7 漢字の読み 7

出る順 ランクA

合格 11/15

得点

◆次の――線の漢字の読みをひらがなで書きなさい。

1 犬を連れて散歩に出かける。

2 岐阜県は海がない県だ。

3 世界が平和になるように願っている。

4 本年度の文化功労者が選ばれる。

5 水不足のため節水に協力する。

6 栄養のバランスに気をつけよう。

7 給食のこんだて表が配られた。

8 山の上でにぎり飯をほおばった。

9 朝の魚市場は活気に満ちている。

10 間もなく列車は海底トンネルに入る。

11 サクラの葉で包んだおもちを食べた。

12 外交官として海外で活やくする。

13 矢は見事に標的に当たった。

14 目覚まし時計をまくら元に置いた。

15 案ずるより産むがやすし

8 漢字の書き 1

出る順 ランクA

合格 11/15

得点

◆次の――線のカタカナを漢字になおして書きなさい。

1 海の近くのミン宿にとまった。

2 姉はまん画を読んでワラっていた。

3 花だんに大リンのヒマワリがさいた。

4 海岸でタヤけ空をながめる。

5 算数と理科の試験には自シンがある。

6 自分の持ち物にシルシを付ける。

7 公園の木の葉がすっかりチった。

8 学級会のギ題を黒板に書く。

9 けがをした指に白い包タイをまく。

10 たんぱく質のハタラきについて調べた。

11 億とチョウの単位を学習する。

12 休み時間にナワとびで遊ぶ。

13 台風が日本列島に上リクした。

14 この町は昔、宿場としてサカえた。

15 方言とキョウ通語について学ぶ。

1	2	3	4	5	6	7	8	9	10	11	12	13	14	15

9 漢字の書き 2

出る順 ランクA

合格 11/15

得点

◆次の——線のカタカナを漢字になおして書きなさい。

1 世界でモットも高い山はエベレストだ。

2 下書きの手紙を見ながらセイ書する。

3 天体ボウ遠鏡で星を観そくする。

4 黄色いハタを持って道路をわたる。

5 スズメバチのスに近よるのはきけんだ。

6 このところ、悪天コウが続いている。

7 セツ明文の要点をノートに書く。

8 春には山の木々がメをふく。

9 川でとれた天ネンのウナギを食べる。

10 海べに立って水平線をながめる。

11 毛筆が上タツしたとほめられた。

12 世界が平和であるようにネガう。

13 百メートルキョウ走に勝つ。

14 工作に使うザイ料を集める。

15 トウ台もと暗し

10 漢字の書き 3

出る順 ランク A

合格 11／15

得点

◆次の——線のカタカナを漢字になおして書きなさい。

1 音楽の時間に校歌を合ショウした。

2 深いイ戸の底をのぞきこむ。

3 オリンピックの記ネン切手が発売された。

4 庭先にまだ少し雪がノコっている。

5 もうすぐ公園の梅がマン開になる。

6 手品のタネ明かしをする。

7 家族でナシがりに行く。

8 近くにスーパーができてベン利になった。

9 姉は三月に高等学校をソツ業する。

10 アサい川で水遊びをする。

11 花のカオりが風に運ばれてくる。

12 ふろ場でシャワーをアびる。

13 木材をカ車に載《の》せて運ぶ。

14 ちりもツもれば山となる

15 週マツはまた雨になるらしい。

11 漢字の書き 4

出る順 ランクA

合格 11/15

得点

◆次の――線のカタカナを漢字になおして書きなさい。

1 駅前の商店ガイで買い物をする。
2 川上でホタルがトびかっていた。
3 友人に年ガ状《じょう》を書く。
4 大きなカガミで全身をうつす。
5 金魚ばちのソコに小石をしく。
6 書店で理科のサン考書をさがす。
7 全国カク地から名産品を取りよせる。
8 おばあさんがマゴに昔の話をする。
9 姉は来月、結こん式をアげる。
10 サッカーの決勝センに観客がつめかける。
11 南キョクは雪と氷におおわれている。
12 山ではクマに注意しましょう。
13 遠足にヒツ要な物をリュックに入れる。
14 ビニールのひもで古新聞をタバねる。
15 自ゼンの力を利用して発電する。

12 漢字の書き 5

出る順 ランク A

合格 11／15

得点

◆次の――線のカタカナを漢字になおして書きなさい。

□ 1 海水をにつめると食エンができる。
□ 2 わたり鳥のムれがやって来た。
□ 3 朝顔の開花の様子を観サツする。
□ 4 兄は中学校で生ト会長をしている。
□ 5 バスで弟とナカ良くならんですわる。
□ 6 千のクライまでのがい数にする。
□ 7 わが家のアイ犬を連れて散歩する。
□ 8 家に帰ってツメたいお茶を飲む。
□ 9 国民のシュク日に国旗をかかげた。
□ 10 デパートの売り場で水着をエラぶ。
□ 11 ツバメは作物などのガイ虫を食べる。
□ 12 友人とトモに学び、遊ぶ。
□ 13 クロールの泳ぎ方をオボえる。
□ 14 温度計の水銀が細いクダを上下する。
□ 15 サッカーのネッ戦をテレビで見る。

13 漢字の書き 6

出る順 ランクA

合格 11／15

得点

◆次の――線のカタカナを漢字になおして書きなさい。

□ 1 東の空がだんだん赤みを**オ**びてきた。

□ 2 雨が上がった街の夜**ケイ**が美しい。

□ 3 全員が**ワ**になってダンスをする。

□ 4 話の**ヨウ**点をかいつまんで話す。

□ 5 大きな家具の**オ**き場所にまよう。

□ 6 高原の**ボク**草地で牛が草を食べている。

□ 7 ひな祭りに**ナ**の花をかざる。

□ 8 会場が**シズ**かになりコーラスが始まる。

□ 9 港に行って**ギョ**船を写生する。

□ 10 病気になって健**コウ**の大切さを知った。

□ 11 もうすぐ**ウメ**の花がさくだろう。

□ 12 実験の結**カ**をノートにくわしく書く。

□ 13 空きびんをあらって何度も**リ**用する。

□ 14 雪を**カタ**めて雪だるまを作る。

□ 15 足がしびれて感**カク**がにぶくなる。

14 漢字の書き 7

出る順 ランク A

合格 11/15

得点

◆次の——線のカタカナを漢字になおして書きなさい。

1 この家具は国サンの木で作られている。
2 指オり数えて家族旅行の日を待つ。
3 楽キ店でたて笛を買った。
4 えい画につくしたコウ労者をたたえる。
5 シカの親子の写真をとる。
6 医者から薬のフク作用に関する話を聞く。
7 キヨらかな川の流れで手を洗う。
8 画家が自然の美しさをえがきツヅける。
9 サク夜の強風で木の葉が散った。
10 高い山の上は気温のヘン化がはげしい。
11 お寺マイりをする老人に出会った。
12 この村では野サイ作りがさかんだ。
13 立てフダに神社の由来が書いてある。
14 外国人の先生にエイ語を習う。
15 空き箱の外ガワに千代紙をはる。

15

音読みと訓読み 1

出る順 ランクA

合格 12/16

得点

◆次の各組の――線の漢字の読みをひらがなで書きなさい。

1 寒くて指先の感覚がにぶる。
2 サイレンの音で目が覚めた。

3 カラーで印刷されたポスターを見る。
4 遠足のしおりが刷り上がる。

5 ツバメが低空を飛ぶ。
6 今日はきのうより気温が低い。

7 来年も会おうと約束して別れる。
8 バレエの発表会で花束をもらった。

9 旅行に必要な物をそろえる。
10 交通のきまりを必ず守ろう。

11 試験に関連する問題集を買う。
12 観光バスが連なって走る。

13 子犬が無事にうまれて安心した。
14 無い物ねだりをして母をこまらせる。

15 すてきな作品が完成した。
16 漢字の成り立ちを勉強する。

1	3	5	7	9	11	13	15
2	4	6	8	10	12	14	16

16 音読みと訓読み 2

出る順 ランクA

合格 12/16

得点

◆次の各組の――線の漢字の読みをひらがなで書きなさい。

1 ハイキングで森林浴を楽しむ。
2 運動の後でシャワーを浴びる。

3 しっかり食べて栄養をとる。
4 昔、宿場町として栄えた所だ。

5 三角形の底辺の長さをはかる。
6 外に出ると辺りは一面の銀世界だった。

7 けがをした足に包帯をまく。
8 大事な本をふろしきに包む。

9 チームの結束を固める。
10 スケートぐつのひもを結ぶ。

11 水道のない生活は不便だった。
12 外国に住む友人に便りを出す。

13 弟は念願の自転車を買ってもらった。
14 流れ星に願いごとをする。

15 次の角を右折すると駅前に出る。
16 強風でかさのほねが折れた。

1	3	5	7	9	11	13	15
2	4	6	8	10	12	14	16

17 漢字えらび（同音異字）1

出る順 ランクA

合格 10/14

得点

◆次の――線のカタカナに合う漢字をえらんで、記号で書きなさい。

1 学級会で生活の目ヒョウを決める。（ア 票 イ 標 ウ 表）

2 地しんにそなえて家具をコ定する。（ア 戸 イ 庫 ウ 固）

3 新幹《かん》線からフ士《じ》山をながめる。（ア 阜 イ 富 ウ 夫）

4 運動会の徒キョウ走で一位になる。（ア 競 イ 共 ウ 協）

5 自分の行動を反セイする。（ア 整 イ 成 ウ 省）

6 母は手先がとてもキ用だ。（ア 器 イ 希 ウ 機）

7 山にはめずらしい花がグン生している。（ア 群 イ 郡 ウ 軍）

8 山の上から港の夜ケイをながめる。（ア 径 イ 景 ウ 係）

9 兄はレイ静に行動する人だ。（ア 冷 イ 令 ウ 礼）

10 生きのよい魚をリョウ理する。（ア 量 イ 料 ウ 両）

11 一日の労ドウ時間を決める。（ア 働 イ 動 ウ 道）

12 池のまわりを一シュウする。（ア 週 イ 集 ウ 周）

13 ユウ気を出して行動する。（ア 勇 イ 遊 ウ 友）

14 ホウ丁でタマネギを切る。（ア 包 イ 法 ウ 放）

18 漢字えらび（同音異字）2

出る順 ランクA

合格 10/14

得点

◆次の――線のカタカナに合う漢字をえらんで、記号で書きなさい。

1 兄は**エイ**会話教室に通っている。（ア 栄　イ 英　ウ 泳）

2 教科書の詩を暗**ショウ**する。（ア 唱　イ 章　ウ 照）

3 今日は**トク**に暑い日だ。（ア 特　イ 徳　ウ 読）

4 **カン**光バスで名所をめぐる。（ア 官　イ 関　ウ 観）

5 キュリー夫人の**デン**記を読む。（ア 電　イ 伝　ウ 田）

6 本だなから国語**ジ**典を取り出す。（ア 治　イ 児　ウ 辞）

7 クラス会議で**シ**会をつとめる。（ア 氏　イ 司　ウ 試）

8 足の包**タイ**を取りかえる。（ア 帯　イ 体　ウ 隊）

9 箱の**ソク**面にもようをかく。（ア 息　イ 束　ウ 側）

10 係員が館内を**アン**内する。（ア 安　イ 案　ウ 暗）

11 話の**ヨウ**点をノートにまとめる。（ア 洋　イ 要　ウ 陽）

12 水道**カン**から水がふき出した。（ア 官　イ 関　ウ 管）

13 すしの注文を追**カ**する。（ア 加　イ 歌　ウ 家）

14 新しい**シュ**類の魚を見つける。（ア 守　イ 種　ウ 取）

19 筆順・画数 1

出る順 ランク A

合格 19/26

得点

◆次の1～13の漢字の太い画のところは筆順の何画目か、14～26の漢字の総画数は何画か、算用数字（1、2、3…）で答えなさい。

〈例〉正 3

1 法
2 省
3 無
4 械
5 浅
6 熱
7 城
8 博
9 協
10 倉
11 努
12 典
13 席

〈例〉字 6

14 案
15 観
16 焼
17 隊
18 潟
19 輪
20 徳
21 類
22 孫
23 郡
24 養
25 岡
26 働

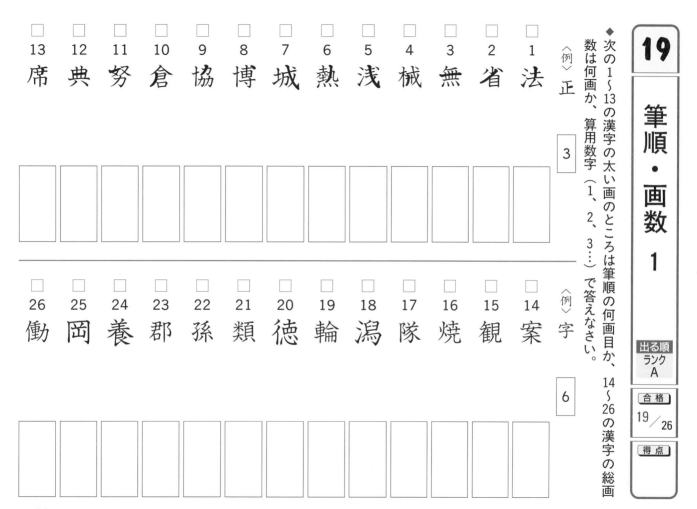

20 漢字の音と訓 1

出る順 ランク A

合格 21／30

得点

◆次の漢字の読みは、音読み（ア）ですか、訓読み（イ）ですか。記号で答えなさい。

〈例〉力《ちから》 → イ

1 好《こう》

2 奈《な》

3 香《か》

4 関《せき》

5 栄《えい》

6 位《くらい》

7 兆《ちょう》

8 折《おり》

9 徳《とく》

10 浴《よく》

11 的《まと》

12 末《すえ》

13 富《ふ》

14 功《こう》

15 倉《くら》

16 梅《うめ》

17 郡《ぐん》

18 種《たね》

19 管《くだ》

20 参《さん》

21 努《ど》

22 帯《おび》

23 崎《さき》

24 熱《ねつ》

25 底《そこ》

26 養《よう》

27 臣《しん》

28 側《がわ》

29 協《きょう》

30 芽《め》

21 対義語 1

出る順 ランク A

合格 9/12

得点

◆後の□の中のひらがなを漢字になおして、意味が反対や対《つい》になることば（対義《ぎ》語）を書きなさい。□の中のひらがなは一度だけ使い、漢字一字を書きなさい。

〈例〉内海―外海

(1)

□平等―1別

□最悪―最2

□病気―3康

□深い―4い

□人工―天5

□期待―失6

あさ・けん・さ・ねん・ぼう・りょう

(2)

□熱湯―1水

□発病―全2

□欠ける―3ちる

□海洋―大4

□向上―5下

□連勝―連6

ち・てい・ぱい・み・りく・れい

22 対義語 2

出る順 ランクA

合格 9/12

得点

◆後の□の中のひらがなを漢字になおして、意味が反対や対《つい》になることば（対義《ぎ》語）を書きなさい。□の中のひらがなは一度だけ使い、漢字一字を書きなさい。

〈例〉内海―外海

(1)

□ 複数―1数

□ 中心―周2

□ 平和―戦3

□ 利する―4する

□ 原因―結5

□ 主食―6食

か・がい・そう・たん・ふく・へん

(2)

□ 不便―便1

□ 有名―2名

□ 起立―着3

□ 笑う―4く

□ 最後―最5

□ 高地―6地

しょ・せき・てい・な・む・り

23 漢字と送りがな 1

出る順 ランク A

合格 11／15

得点

◆次の――線のカタカナを○の中の漢字と送りがな（ひらがな）で書きなさい。

〈例〉 (正) タダシイ字を書く。　正しい

1 (付) 麦わらぼうしにひもをツケル。

2 (浅) アサイ小川を歩いてわたる。

3 (伝) 旅先の様子を電話でツタエル。

4 (帯) 東の空が一面に赤みをオビル。

5 (養) 運動をつづけて体力をヤシナウ。

6 (必) 毎朝カナラズ七時に起きる。

7 (覚) ヘビやカエルが冬みんからサメル。

8 (量) 赤ちゃんの体重をハカル。

9 (加) 町内の野球チームにクワワル。

10 (包) 衣類をふろしきにツツム。

11 (照) 満月が湖面をテラス。

12 (争) 石油の問題で国と国がアラソウ。

13 (群) パンくずにスズメがムレル。

14 (失) 大事にしていたペンをウシナウ。

15 (連) 信号待ちの車がツラナル。

24 漢字と送りがな 2

出る順 ランクA

合格 11／15

得点

◆次の——線のカタカナを○の中の漢字と送りがな（ひらがな）で書きなさい。

〈例〉 正 タダシイ字を書く。 （正しい）

1 静 シズカナ部屋で勉強する。

2 働 畑で農家の人々がハタラク。

3 求 節水するように協力をモトメル。

4 続 予習を毎日ツヅケルつもりだ。

5 選 話し合って代表をエラブ。

6 栄 この町は門前町としてサカエル。

7 散 木の葉が地面にチラバル。

8 試 連続さか上がりをココロミル。

9 戦 しょうぎの名人を相手にタタカウ。

10 産 もうすぐ子どもがウマレル。

11 努 学力の向上にツトメル。

12 欠 大事な茶わんがカケル。

13 冷 コップにツメタイ水を注ぐ。

14 建 駅前でビルをタテル工事が始まった。

15 折 強風のため木のえだがオレル。

25 同じ部首の漢字 1

出る順 ランクA

合格 23／33

得点

◆次の部首のなかまの漢字で□にあてはまる漢字一字を書きなさい。

〈例〉イ（にんべん）体《たい》力・工作《さく》

□ 1 刂（りっとう） □《り》用・以□《ぜん》・整□《れつ》

□ 2 イ（にんべん） □《けん》康・□《しん》用・□《ふ》近・□《でん》記

□ 3 辶（しんにょう・しんにゅう） □《れん》勝・海□《べ》・速□《たつ》

□ 4 阝（こざとへん） 兵□《たい》・□《りく》上・太□《よう》

□ 5 攵（のぶん） □《かい》良・□《ほう》送・分□《さん》・勝□《はい》

□ 6 广（まだれ） □《ふ》県・校□《てい》・□《そこ》力

□ 7 囗（くにがまえ） 公□《えん》・□《ず》案・□《こ》定

□ 8 灬（れんが・れっか） □《ねっ》心・天□《ねん》・□《しょう》明

□ 9 艹（くさかんむり） 手□《げい》・□《に》物・発□《が》・□《えい》会話

□ 10 心（こころ） 記□《ねん》・空□《そう》・□《あい》読書

26 同じ読みの漢字 1

出る順 ランクA

合格 13/18

得点

◆次の――線のカタカナを漢字になおして書きなさい。

1 部屋のショウ明を明るくする。
2 全校生が校歌を合ショウする。

3 試験カンがテスト用紙を配る。
4 試験カンに薬品を入れる。

5 フク引きでパソコンが当たった。
6 町内会のフク会長をつとめる。

7 今年の米の生サン高を調べる。
8 公園の近くを友達とサン歩する。

9 バスの中でロウ人に席をゆずる。
10 苦ロウして図工の作品を仕上げた。

11 音楽タイが力強いえんそうをする。
12 足のきずに包タイをまく。

13 地球上から戦ソウをなくしたい。
14 新米をソウ庫に運び入れる。

15 トク用品をたくさん買う。
16 この地方のミカンはトク別だ。

17 ヘリコプターがテイ空を飛んで行く。
18 海テイトンネルで海をわたる。

1	2
3	4
5	6
7	8
9	10
11	12
13	14
15	16
17	18

27

同じ読みの漢字 2

出る順 ランクA

合格 13／18

得点

◆次の――線のカタカナを漢字になおして書きなさい。

1 台所で食**キ**をあらう音がする。
2 ポールに国**キ**をかかげる。

3 水**ガイ**を受けた人々をみまう。
4 タクシーで市**ガイ**地を走る。

5 毎年、正月に一年の目**ヒョウ**を立てる。
6 選挙の投**ヒョウ**用紙を配る。

7 学級新聞を印**サツ**して配る。
8 千円**サツ**を出しておつりをもらう。

9 大きな声で号**レイ**をかける。
10 兄は**レイ**静に考えて行動する人だ。

11 球根に**ヨウ**分をたくわえる。
12 話の**ヨウ**点をメモする。

13 園**ジ**たちがバスに乗りこむ。
14 かれの父は政《せい》**ジ**家だ。

15 父はすい理小**セツ**を読む。
16 テレビの音量を調**セツ**する。

17 ロケットの打ち上げに成**コウ**する。
18 **コウ**物のカレーを食べる。

28 じゅく語作り 1

出る順 ランク A

合格 17／24

得点

◆上の漢字と下の□の中の漢字を組み合わせて二字のじゅく語を二つ作り、記号で書きなさい。

〈例〉室　ア外　イ教　ウ海　エ体　オ読　　イ　室・室　ア

1 民　ア灯　イ念　ウ住　エ夫　オ話　　□民・民□

2 約　ア令　イ束　ウ予　エ府　オ努　　□約・約□

3 側　ア面　イ徒　ウ府　エ特　オ南　　□側・側□

4 念　ア顔　イ願　ウ要　エ残　オ昨　　□念・念□

5 陸　ア着　イ便　ウ地　エ席　オ広　　□陸・陸□

6 敗　ア単　イ北　ウ景　エ順　オ失　　□敗・敗□

7 器　ア具　イ共　ウ卒　エ食　オ貨　　□器・器□

8 挙　ア径　イ選　ウ手　エ未　オ勇　　□挙・挙□

9 養　ア固　イ分　ウ案　エ栄　オ求　　□養・養□

10 達　ア折　イ軍　ウ配　エ辞　オ成　　□達・達□

11 給　ア法　イ料　ウ便　エ自　オ億　　□給・給□

12 漁　ア必　イ大　ウ貨　エ郡　オ業　　□漁・漁□

29 じゅく語作り 2

出る順 ランクA

合格 17／24

得点

◆上の漢字と下の□の中の漢字を組み合わせて二字のじゅく語を二つ作り、記号で書きなさい。

〈例〉 室 ［ア 外　イ 教　ウ 海　エ 体　オ 読］　（イ）室・室（ア）

番号	漢字	ア	イ	ウ	エ	オ	解答
□ 1	熱	景	加	心	季	求	（　）熱・熱（　）
□ 2	労	働	付	議	苦	然	（　）労・労（　）
□ 3	菜	愛	野	府	軍	食	（　）菜・菜（　）
□ 4	城	門	牧	求	古	徒	（　）城・城（　）
□ 5	灯	側	臣	極	消	台	（　）灯・灯（　）
□ 6	辞	祝	卒	司	典	念	（　）辞・辞（　）
□ 7	料	利	理	周	無	順	（　）料・料（　）
□ 8	信	絵	験	自	号	昨	（　）信・信（　）
□ 9	景	博	品	好	風	候	（　）景・景（　）
□ 10	欠	消	出	守	試	席	（　）欠・欠（　）
□ 11	録	争	径	付	画	達	（　）録・録（　）
□ 12	要	老	健	共	点	必	（　）要・要（　）

30 漢字の読み 8

出る順 ランク B

合格 11／15

得点

◆次の——線の漢字の読みをひらがなで書きなさい。

□ 1 愛犬がボールを追いかけて走る。

□ 2 草木の新しい芽がすくすくと育つ。

□ 3 北海道の特産品を取りよせる。

□ 4 つまらないことに関わるな。

□ 5 がけくずれのため電車が不通になる。

□ 6 薬局で薬の副作用についてたずねる。

□ 7 インタビューを録音する。

□ 8 体育館で一輪車の練習をする。

□ 9 生命の大切さを熱心に説く。

□ 10 朝のジョギングを日課にしている。

□ 11 お気に入りのくつが雨で台無しだ。

□ 12 鏡の前で服そうを整える。

□ 13 初めてのスキーの体験について語る。

□ 14 家の手伝いをして母にほめられた。

□ 15 大臣が新聞記者の質《しっ》問に答える。

31 漢字の読み 9

出る順 ランク B

合格 11／15

得点

◆次の――線の漢字の読みをひらがなで書きなさい。

- □ 1 会場までの道を**矢印**でしめす。
- □ 2 もち米とあずきで**赤飯**をつくる。
- □ 3 デパートで**特売品**を売っている。
- □ 4 好きなまん画を一つ**挙**げる。
- □ 5 都道**府県**の代表者が会場に集まる。
- □ 6 絵はがきの**便**りがとどく。
- □ 7 日本代表に**選**ばれて試合に出る。
- □ 8 **差別**のない明るい社会をつくる。
- □ 9 キーパーが**必死**でボールを止めた。
- □ 10 ここが問題を解《と》く**要**のところだ。
- □ 11 キャンプ中は**天候**にめぐまれた。
- □ 12 大声で言い**争**う。
- □ 13 **順路**にそって工場を見学する。
- □ 14 夏になると**各地**で花火大会が開かれる。
- □ 15 案ずるより**産**むがやすし

32 漢字の読み 10

出る順 ランクB

合格 11/15

得点

◆次の――線の漢字の読みをひらがなで書きなさい。

□ 1 児童会が子ども祭りを計画する。

□ 2 バスガイドが旗を持って先頭を歩く。

□ 3 バザーで百円以下の品物をさがす。

□ 4 あらしでボートが沖に流された。

□ 5 いつも友人と行動を共にする。

□ 6 一人欠けても試合は出場できない。

□ 7 外国の人と電子メールで通信する。

□ 8 サンマの大漁で漁港がにぎわう。

□ 9 さし絵は美しい色刷りだ。

□ 10 台風が日本に上陸しそうだ。

□ 11 この町で最も古い建物だ。

□ 12 友人とテストの点数を競う。

□ 13 長い道のりを歩いてつかれ果てた。

□ 14 生まれたばかりの小牛の体重を量る。

□ 15 念には念を入れよ

33 漢字の読み 11

出る順 ランクB

合格 11／15

得点

◆次の――線の漢字の読みをひらがなで書きなさい。

□ 1 メートルは長さの単位だ。

□ 2 兄は英会話がとく意だ。

□ 3 秋が深まりイチョウの葉が散る。

□ 4 ろう下は右側を歩こう。

□ 5 沖縄の梅雨《つゆ》明けは本州より早い。

□ 6 祖《そ》母には八人の孫がいる。

□ 7 辞書を引いて意味を調べる。

□ 8 友達との約束を必ず守る。

□ 9 料理の材料をそろえる。

□ 10 校門の前で友人と別れた。

□ 11 円周は直径の約三倍だ。

□ 12 みんなで手をつないで輪になる。

□ 13 園芸クラブでバラを育てる。

□ 14 この類いの品物が出回っている。

□ 15 今日はかぜで五人も欠席しています。

34 漢字の読み 12

出る順 ランクB

合格 11／15

得点

◆次の――線の漢字の読みをひらがなで書きなさい。

1 宿題は完全に終わってから出そう。
2 手塩にかけてバラを育てる。
3 反対の人は挙手をしてください。
4 今泣いたからすがもう笑う
5 戦争のない平和な社会をねがう。
6 次の土曜日は参観日だ。
7 菜の花畑にチョウがまう。
8 ダム建設《せつ》の大事業を成しとげた。
9 お客様に失礼のないようにしなさい。
10 倉から古い巻《まき》物が出てきた。
11 遠足で奈良の大仏を見にいく。
12 一兆円の予算を組む。
13 よい話を聞いて心が清まった。
14 登山隊がけわしい山道を登る。
15 好きこそ物の上手なれ

35 漢字の書き 8

出る順 ランク B

合格 11/15

得点

◆次の――線のカタカナを漢字になおして書きなさい。

1 父が運転セキでハンドルをにぎる。

2 イサましいかけ声でつな引きをする。

3 酸素《さんそ》はム色でにおいのない気体だ。

4 工場見学で知ったことを記ロクする。

5 理想を追キュウする。

6 大型の機カイを使って農作業をする。

7 アジサイの花は七色にカわるという。

8 日本の人口は約一オク三千万人だ。

9 点と点とを直線でムスぶ。

10 真夏の太陽がテりつける。

11 友達に名所をアン内してもらう。

12 味がうすいのでシオを少し加える。

13 列車の時こく表がカイ正された。

14 転校した友人からタヨりがとどく。

15 なわとびで百回とぶのが目ヒョウだ。

36 漢字の書き 9

出る順 ランク B

合格 11／15

得点

◆次の――線のカタカナを漢字になおして書きなさい。

□ 1 実験のケッ果をノートにまとめる。

□ 2 シロの天守閣《かく》から町を見下ろす。

□ 3 拾った貝がらをハンカチでツツむ。

□ 4 計画を立てて自主テキに学習する。

□ 5 小さな子どもが転んでナき出した。

□ 6 係の人が学級新聞を印サツする。

□ 7 キンモクセイのカオりがする。

□ 8 正面からばかりでなくソク面からも見るべきだ。

□ 9 友だちの家で雨がさをカりた。

□ 10 イ服をたたんでたんすにしまう。

□ 11 選手が国キをかかげて入場する。

□ 12 園ゲイ部員が花だんの世話をする。

□ 13 橋の完成をイワう式典が行われた。

□ 14 今日のおにぎりはトク別おいしかった。

□ 15 入学試験のガン書をてい出する。

37 漢字の書き 10

出る順 ランクB

合格 11／15

得点

◆次の――線のカタカナを漢字になおして書きなさい。

□ 1 選挙の開**ヒョウ**結果を放送する。

□ 2 実験に必要な試験**カン**を用意する。

□ 3 サンマの大**リョウ**で港が活気づく。

□ 4 今朝はしもがおりて気温が**ヒク**い。

□ 5 本を**ツ**み上げて勉強する。

□ 6 橋の工事は今月の**スエ**に終わるそうだ。

□ 7 大学の入学手**ツヅ**きをすませる。

□ 8 **マツ**林に海からの風がふきつける。

□ 9 大切にしていた時計を**ウシナ**う。

□ 10 町内の少年野球チームに**クワ**わる。

□ 11 百メートル競走で一**イ**になった。

□ 12 ボランティアの協力を**モト**める。

□ 13 反**セイ**したことを次の計画に生かす。

□ 14 **ス**きな教科は算数と音楽だ。

□ 15 **ロウ**後はのんびりくらすつもりだ。

38 漢字の書き 11

出る順 ランクB

合格 11／15

得点

◆次の——線のカタカナを漢字になおして書きなさい。

□ 1 公正な選キョで国民の代表を決める。

□ 2 日本は四キの変化がはっきりしている。

□ 3 世界が平和になることをノゾむ。

□ 4 登山タイはちょう上に向かって出発した。

□ 5 町おこしで市ガイ地がにぎわう。

□ 6 ソウ庫が小さくて荷物が入り切らない。

□ 7 親が子どもをヤシナう。

□ 8 かのじょはリク上部のキャプテンだ。

□ 9 店員に野菜のサン地をたずねる。

□ 10 決勝戦でおしくもヤブれた。

□ 11 なべリョウ理を食べて体が温まった。

□ 12 冬物の衣ルイをクリーニングに出す。

□ 13 早起きするようにツトめる。

□ 14 この道路は交通リョウが多い。

□ 15 アラタまった言葉で先生と話す。

1	2	3	4	5	6	7	8	9	10	11	12	13	14	15

39 漢字の書き 12

出る順 ランク B

合格 11/15

得点

◆次の――線のカタカナを漢字になおして書きなさい。

□ 1 学級会のシ会をする。

□ 2 月のミち欠けを図で表す。

□ 3 友達と公園で遊ぶヤク束をした。

□ 4 マトをねらってボールを投げる。

□ 5 放カ後友人とサッカーをするつもりだ。

□ 6 社会科の学習でハク物館に行った。

□ 7 日本のセン手が大リーグで活やくする。

□ 8 犬をツれて公園に行く。

□ 9 キ望にもえて新学年のスタートをきる。

□ 10 大きなにぎりメシをほおばる。

□ 11 けんびキョウで花粉《ふん》を見る。

□ 12 この週マツから寒くなるそうだ。

□ 13 次の角を右セツすると駅前に出る。

□ 14 デパートには多シュ多様の品物がある。

□ 15 試験の点数がクラスのサイ高だった。

40 音読みと訓読み 3

出る順 ランクB

合格 12/16

得点

◆次の各組の――線の漢字の読みをひらがなで書きなさい。

1 すなはまで満天の星を見上げる。
2 球場は観客で満ちあふれた。

3 長方形の畑の面積をもとめる。
4 荷物を積んだ船が出港する。

5 雨でダムの水量がふえた。
6 湯上がりに体重を量る。

7 水そうで熱帯魚をかう。
8 東の空が赤みを帯びて夜が明けた。

9 漁業協定に調印する。
10 読めない字に赤鉛筆で印を付ける。

11 切りたおされた大木の年輪を数える。
12 犬の首輪を取りかえる。

13 かぜをひいて高熱が出た。
14 母は熱いおふろが好きだ。

15 教室のつくえの配置を変える。
16 とこの間の置物をとりかえる。

1	3	5	7	9	11	13	15
2	4	6	8	10	12	14	16

41 音読みと訓読み 4

出る順 ランクB

合格 12/16

得点

◆次の各組の――線の漢字の読みをひらがなで書きなさい。

1 駅の改札口で待ち合わせる。
2 家族の大切さを改めて感じた。

3 先生から母への伝言をたのまれる。
4 熱い気持ちが伝わってくる。

5 望遠レンズを使って写真をとる。
6 大きな望みを持って生きる。

7 イナゴの大群が畑をあらす。
8 やじうまが駅に群れる。

9 勝てなかったのが残念だ。
10 きらいな食べ物でも残してはいけない。

11 たまごは食塩水にうく。
12 アユの塩焼きが食たくをかざる。

13 自分勝手な行動だと反省した。
14 手間を省いてインスタント食品にする。

15 友達の言葉に勇気づけられた。
16 勇ましい行進曲が聞こえてくる。

1	3	5	7	9	11	13	15
2	4	6	8	10	12	14	16

42

漢字えらび（同音異字）3

出る順 ランク B

合格 10／14

得点

◆次の——線のカタカナに合う漢字をえらんで、記号で書きなさい。

1 食後にコウ物のメロンを食べる。（ア 幸 イ 功 ウ 好）

2 海テイの長いトンネルを車で通る。（ア 庭 イ 底 ウ 定）

3 投ヒョウ用紙に氏名を書く。（ア 標 イ 表 ウ 票）

4 畑一面のヒマワリがイン象《しょう》に残った。（ア 印 イ 員 ウ 飲）

5 計リョウカップで水をはかる。（ア 両 イ 量 ウ 良）

6 毎月のこづかいをセツ約する。（ア 切 イ 折 ウ 節）

7 国語辞テンで言葉の意味を調べる。（ア 転 イ 典 ウ 店）

8 友達との約ソクを守る。（ア 側 イ 足 ウ 束）

9 全員参加の号レイがかかる。（ア 冷 イ 令 ウ 例）

10 川のフ近で赤とんぼを見かけた。（ア 付 イ 府 ウ 不）

11 花だんの世話を日カにする。（ア 化 イ 貨 ウ 課）

12 父が市長に当センした。（ア 選 イ 戦 ウ 浅）

13 明日はキュウ食の当番だ。（ア 級 イ 求 ウ 給）

14 昨夜、フ思議な夢を見た。（ア 不 イ 付 ウ 夫）

43 漢字えらび（同音異字）4

出る順 ランクB

合格 10/14

得点

◆次の――線のカタカナに合う漢字をえらんで、記号で書きなさい。

1 この冬はレイ年より寒い。（ア 礼　イ 令　ウ 例）

2 予算の合計は約一チョウ円だ。（ア 兆　イ 丁　ウ 長）

3 父のエイ転を家族で祝う。（ア 英　イ 泳　ウ 栄）

4 服のよごれがカン全に取れた。（ア 官　イ 完　ウ 管）

5 かぜをひいたら十分な休ヨウをとる。（ア 洋　イ 養　ウ 要）

6 冷セイになってもう一度話し合う。（ア 省　イ 清　ウ 静）

7 大リョウが続いて港がにぎわう。（ア 漁　イ 両　ウ 料）

8 重要な問題をキョウ議する。（ア 教　イ 協　ウ 競）

9 駅の周ヘンは交通量が多い。（ア 変　イ 返　ウ 辺）

10 半ケイ五センチの円をかく。（ア 景　イ 径　ウ 形）

11 白イを着た人が実験に取り組む。（ア 衣　イ 医　ウ 位）

12 新聞に戦ソウの記事がのる。（ア 倉　イ 相　ウ 争）

13 門柱の表サツで名前をたしかめる。（ア 札　イ 刷　ウ 察）

14 薬のフク作用の話を聞く。（ア 福　イ 副　ウ 服）

44

筆順・画数 2

出る順 ランク B

合格 19/26

得点

◆次の1～13の漢字の太い画のところは筆順の何画目か、14～26の漢字の総画数は何画か、算用数字（1、2、3…）で答えなさい。

〈例〉正 3

1 陸
2 鏡
3 昨
4 戦
5 印
6 帯
7 兆
8 録
9 差
10 愛
11 節
12 静
13 成

〈例〉字 6

14 副
15 媛
16 選
17 願
18 建
19 飛
20 満
21 置
22 競
23 埼
24 達
25 側
26 然

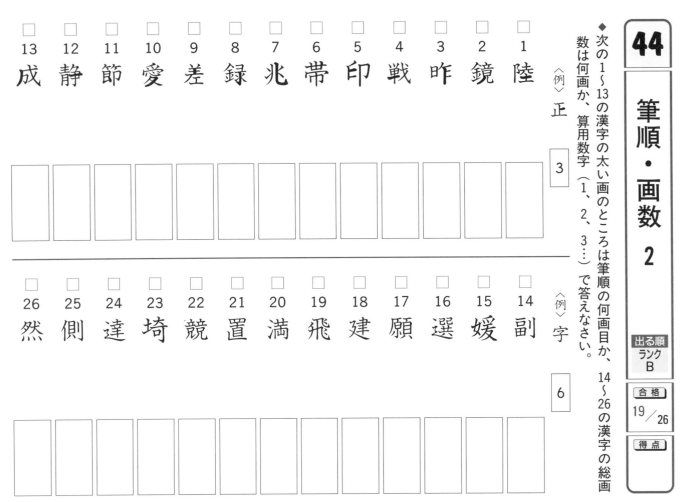

45

漢字の音と訓 2

出る順 ランクB

合格 21／30

得点

◆次の漢字の読みは、音読み（ア）ですか、訓読み（イ）ですか。記号で答えなさい。

〈例〉力《ちから》 → イ

1 初《はつ》
2 説《せつ》
3 孫《まご》
4 松《まつ》
5 季《き》
6 軍《ぐん》
7 飯《めし》
8 巣《す》
9 民《みん》
10 塩《しお》
11 害《がい》
12 輪《わ》
13 英《えい》
14 票《ひょう》
15 節《ふし》

16 働《どう》
17 街《まち》
18 旗《はた》
19 固《こ》
20 印《しるし》
21 無《ぶ》
22 城《じょう》
23 仲《なか》
24 菜《な》
25 牧《ぼく》
26 夫《おっと》
27 別《べつ》
28 兵《へい》
29 共《とも》
30 勇《ゆう》

46 対義語 3

出る順 ランクB

合格 9/12

得点

◆後の□の中のひらがなを漢字になおして、意味が反対や対《つい》になることば（対義語《ぎ》）を書きなさい。□の中のひらがなは一度だけ使い、漢字一字を書きなさい。〈例〉内海―外海

(1)

□ 来年―1年

□ 希望―2望

□ 平行―交3

□ 最後―最4

□ 先生―生5

□ 声楽―6楽

しつ・き・さ・さく・と・しょ

(2)

□ 有害―1害

□ 客観―2観

□ 集まる―3る

□ 赤字―4字

□ 失敗―成5

□ 全体―6分

くろ・こう・しゅ・ち・む・ぶ

47 対義語 4

出る順 ランクB

合格 9／12

得点

◆後の□の中のひらがなを漢字になおして、意味が反対や対《つい》になることば（対義語《ぎ》）を書きなさい。□の中のひらがなは一度だけ使い、漢字一字を書きなさい。

〈例〉内海―外海

(1)

□ 勝利―1北

□ 年末―年2

□ 文明―3開

□ 高い―4い

□ 海面―海5

□ 不和―円6

し・てい・はい・ひく・まん・み

(2)

□ 中止―1行

□ 始発―終2

□ 休息―労3

□ 熱い―4たい

□ 末期―5期

□ 幸運―6運

しょ・ぞっ・ちゃく・つめ・どう・ふ

48 漢字と送りがな 3

出る順 ランクB

合格 11/15

得点

◆次の——線のカタカナを○の中の漢字と送りがな（ひらがな）で書きなさい。

〈例〉正 タダシイ字を書く。　正しい

1 最 モットモ強いチームが勝ち上がった。

2 祝 妹のたん生日を家族でイワウ。

3 願 旅先でのぶじをネガウ。

4 好 原色より中間色をコノム。

5 望 兄の合格《かく》をノゾム。

6 残 兄はるす番で家にノコル。

7 飛 シャボン玉をトバス。

8 案 知人の安否《ぴ》をアンズル。

9 省 計画を立てて時間のむだをハブク。

10 借 図書館で本をカリル。

11 改 早口で話すくせをアラタメル。

12 変 午後から天気がカワルそうだ。

13 敗 野球の試合に一点差でヤブレル。

14 老 オイタ母をせおって歩く。

15 満 ガラスのコップに水をミタス。

49 漢字と送りがな 4

出る順 ランク B

合格 11／15

得点

◆次の――線のカタカナを○の中の漢字と送りがな（ひらがな）で書きなさい。

〈例〉 正 タダシイ字を書く。 正しい

1 群 野生の水牛がムレル。

2 笑 楽しそうに大声でワラウ。

3 低 兄がヒクイ声で歌っている。

4 結 くつのひもをムスブ。

5 固 コンクリートで土台をカタメル。

6 治 王様が国をオサメル。

7 唱 落ち着くようにまじないをトナエル。

8 浴 活やくした選手が注目をアビル。

9 焼 しおひがりで顔が日にヤケル。

10 果 念願のマラソン完走をハタス。

11 信 家族の無事をシンジル。

12 積 庭一面に雪がツモル。

13 挙 例をアゲルと説明がわかりやすい。

14 別 校門の前で友達とワカレル。

15 清 水で手をあらいキヨメル。

50

同じ部首の漢字 2

出る順 ランクB

合格 23／32

得点

◆次の部首のなかまの漢字で□にあてはまる漢字一字を書きなさい。

〈例〉イ（にんべん）体《たい》力・工作《さく》

□ 1 糸（いとへん） 訓□《れん》・予□《やく》・配□《きゅう》

□ 2 宀（うかんむり） □《かん》全・観□《さつ》・外交□《かん》

□ 3 力（ちから） □《ど》力・成□《こう》・□《ゆう》気・苦□《ろう》

□ 4 彳（ぎょうにんべん） 半□《けい》・□《と》歩・道□《とく》

□ 5 言（ごんべん） 協□《ぎ》・相□《だん》・放□《か》後

□ 6 扌（てへん） 右□《せつ》・□《とう》球・□《し》定

□ 7 頁（おおがい） □《がん》書・親□《るい》・□《かお》色

□ 8 木（きへん） 目□《ひょう》・南□《きょく》・神□《さま》・木□《ざい》

□ 9 氵（さんずい） □《ぎょ》業・不□《まん》・入□《よく》

□ 10 竹（たけかんむり） □《わら》い声・血□《かん》・口□《ぶえ》

51 同じ読みの漢字 3

出る順 ランクB

合格 13/18

得点

◆次の――線のカタカナを漢字になおして書きなさい。

1 算数のレイ題を解《と》く。
2 号レイに合わせて旗をふる。

3 三人分の入場リョウをまとめてはらう。
4 テレビの音リョウを上げる。

5 天体望遠キョウで月を見た。
6 百メートルキョウ走に出場した。

7 食事のサイ中に電話がかかる。
8 畑で野サイを作る。

9 駅のカイ札口で先生にぐうぜん会った。
10 工場に新しい機カイが取り付けられた。

11 台形の面セキを求める。
12 空セキをさがしてすわる。

13 新しいイ服をたんすに入れる。
14 百メートル走で一イになった。

15 放カ後、運動場で遊ぶ。
16 大豆をカ工してみそをつくる。

17 都道フ県の代表が集まる。
18 キュリーフ人の伝記を読む。

52 同じ読みの漢字 4

出る順 ランクB

合格 13/18

得点

◆次の——線のカタカナを漢字になおして書きなさい。

1 部屋の**ショウ**明をつける。
2 みんなで合**ショウ**に取りくむ。

3 宿題をわすれたことを反**セイ**する。
4 しんぱんの注意を冷**セイ**に受けとめる。

5 言葉の意味を国語辞**テン**でしらべる。
6 社会科のテストは満**テン**だった。

7 木材を**カ**物列車で運ぶ。
8 森の動物が葉や**カ**実を食べる。

9 グラムは重さの**タン**位だ。
10 昔は石**タン**ストーブを使った。

11 兄は星の**ケン**究をしている。
12 祖《そ》父母はとても**ケン**康です。

13 寒くて手の感**カク**がにぶる。
14 正方形や長方形は四**カク**形だ。

15 リンカーンの**デン**記を読む。
16 **デン**気をつけて部屋を明るくする。

17 **ケイ**気のよい、よび声が聞こえる。
18 円の直**ケイ**をものさしではかる。

53 じゅく語作り 3

出る順 ランク B

合格 17／24

得点

◆上の漢字と下の□の中の漢字を組み合わせて二字のじゅく語を二つ作り、記号で書きなさい。

〈例〉 室 ア外 イ教 ウ海 エ体 オ読 　イ 室・室 ア

1 加 ア品 イ入 ウ司 エ単 オ追 　加・加

2 隊 ア員 イ達 ウ治 エ信 オ兵 　隊・隊

3 満 ア連 イ説 ウ足 エ円 オ省 　満・満

4 節 ア孫 イ水 ウ希 エ調 オ牧 　節・節

5 牧 ア場 イ械 ウ芸 エ類 オ放 　牧・牧

6 良 ア訓 イ改 ウ信 エ心 オ卒 　良・良

7 加 ア夫 イ梅 ウ参 エ愛 オ工 　加・加

8 極 ア南 イ菜 ウ重 エ度 オ仲 　極・極

9 塩 ア害 イ栄 ウ食 エ虫 オ昨 　塩・塩

10 底 ア未 イ海 ウ辺 エ鏡 オ然 　底・底

11 求 ア様 イ司 ウ人 エ去 オ要 　求・求

12 選 ア希 イ徒 ウ落 エ全 オ挙 　選・選

54 じゅく語作り 4

出る順 ランクB

合格 17／24

得点

◆上の漢字と下の□の中の漢字を組み合わせて二字のじゅく語を二つ作り、記号で書きなさい。

〈例〉 室 ［ア 外　イ 教　ウ 海　エ 体　オ 読］ （イ）室・室（ア）

1 伝 ［ア 表　イ 説　ウ 先　エ 灯　オ 駅］ □伝・伝□

2 願 ［ア 令　イ 要　ウ 書　エ 念　オ 勉］ □願・願□

3 変 ［ア 羊　イ 化　ウ 負　エ 辞　オ 不］ □変・変□

4 衣 ［ア 服　イ 塩　ウ 会　エ 着　オ 億］ □衣・衣□

5 散 ［ア 帯　イ 単　ウ 書　エ 歩　オ 分］ □散・散□

6 老 ［ア 長　イ 差　ウ 人　エ 貨　オ 的］ □老・老□

7 結 ［ア 末　イ 決　ウ 各　エ 連　オ 化］ □結・結□

8 争 ［ア 戦　イ 教　ウ 各　エ 点　オ 栄］ □争・争□

9 訓 ［ア 練　イ 芸　ウ 教　エ 法　オ 案］ □訓・訓□

10 管 ［ア 季　イ 博　ウ 理　エ 愛　オ 血］ □管・管□

11 説 ［ア 関　イ 卒　ウ 小　エ 努　オ 明］ □説・説□

12 低 ［ア 湖　イ 高　ウ 音　エ 横　オ 求］ □低・低□

実力完成テスト 1

時間 60分

合格点 140/200

得点

㈠ 次の――線の漢字の読みをひらがなで書きなさい。（20点）

1 アスファルトの道に太陽が照りつける。（　　）
2 取材したことを新聞の記事にする。（　　）
3 出発の日時は未定だ。（　　）
4 漢字は中国から伝来したものだ。（　　）
5 運動会の徒競走で一等になる。（　　）
6 病気が治ったので今日から登校する。（　　）
7 昔、宿場町として栄えた所だ。（　　）
8 夏休みの研究課題を決める。（　　）
9 父は夜明け前に漁に出る。（　　）
10 コスモスとダリアで花束を作る。（　　）
11 仲良しの友達と図書館へ行く。（　　）
12 見たいテレビ番組を録画する。（　　）
13 姉の部屋はいつも整然としている。（　　）
14 守りを固めて試合にのぞむ。（　　）
15 木の葉が赤や黄色に変わり始めた。（　　）
16 やがて町は夕やみに包まれるだろう。（　　）
17 習った漢字の筆順を正しく覚える。（　　）
18 学力テストの結果が発表された。（　　）
19 兄はサッカー部の練習に熱中している。（　　）
20 焼け石に水（　　）

㈡ 次の各組の――線の漢字の読みをひらがなで書きなさい。（10点）

1 工作に必要な道具をそろえる。（　　）
2 ねる前に必ず歯をみがく。（　　）

3 テニスの初歩を教わった。（　　）
4 北海道で初雪がふったそうだ。（　　）

5 浴室のガラスが湯気でくもる。（　　）
6 朝日を浴びて海岸を歩く。（　　）

7 カメラに望遠レンズを取り付ける。（　　）
8 ビルの屋上から遠くの山を望む。（　　）

9 みやげに土地の名産を買う。（　　）
10 ニワトリがたまごを産んだ。（　　）

(三) 次の――線のカタカナに合う漢字をえらんで記号で書きなさい。（20点）

1 台風のために気温がテイ下した。
（ア定　イ底　ウ低）（　　）

2 駅の近くにジ童公園ができる。
（ア児　イ治　ウ辞）（　　）

3 外国のめずらしいカ実を食べた。
（ア課　イ果　ウ化）（　　）

4 友達とキョウカして地図を作る。
（ア競　イ共　ウ協）（　　）

5 本だなのイ置をかえる。
（ア井　イ位　ウ衣）（　　）

6 荷物を港のソウ庫に運ぶ。
（ア倉　イ送　ウ争）（　　）

7 日本の国キをかかげる。
（ア期　イ記　ウ旗）（　　）

8 理科室でこん虫のヒョウ本を見る。
（ア表　イ票　ウ標）（　　）

9 朝顔のカン察記録をつける。
（ア感　イ観　ウ関）（　　）

10 社会のサン考書を買いに行く。
（ア参　イ賛　ウ散）（　　）

(四) 次の1〜5の漢字の太い画のところは筆順の何画目か、6〜10の漢字の総《そう》画数は何画か、算用数字（1、2、3…）で答えなさい。（10点）

〈例〉正（3）

1 別（　　）（　　）
2 輪（　　）（　　）
3 希（　　）（　　）
4 億（　　）（　　）
5 残（　　）（　　）

〈例〉字（６）

6 漁　（　　）

7 鹿　（　　）

8 議　（　　）

9 械　（　　）

10 選　（　　）

(五) 次の漢字の読みは、音読み（ア）ですか、訓読み（イ）ですか。記号で答えなさい。（20点）

〈例〉力《ちから》→（イ）

1 参《さん》　（　　）

2 連《れん》　（　　）

3 巣《す》　（　　）

4 単《たん》　（　　）

5 位《くらい》　（　　）

6 辺《べ》　（　　）

7 塩《しお》　（　　）

8 民《みん》　（　　）

9 印《しるし》　（　　）

10 孫《まご》　（　　）

(六) 後の□の中のひらがなを漢字になおして、意味が反対や対《つい》になることば（対義《ぎ》語）を書きなさい。

□の中のひらがなは一度だけ使い、漢字一字を書きなさい。（10点）

〈例〉内海―（外）海

1 本業―（　　）業

2 有料―（　　）料

3 人工―天（　　）

4 熱い―（　　）たい

5 不便―便（　　）

つめ・ねん・ふく・む・り

(七) 次の――線のカタカナを○の中の漢字と送りがな（ひらがな）で書きなさい。（14点）

〈例〉㊣ タダシイ字を書く。（正しい）

1 （香）庭にさくバラの花がカオル。　（　　）

2 （養）スポーツを通して強い心をヤシナウ。　（　　）

3 （求）計算問題の答えをモトメル。　（　　）

4 （続）夜おそくまで本を読みツヅケル。　（　　）

5 （覚）友人の電話番号をオボエル。　（　　）

6 ㊉加 期待の新人がチームにクワワル。（　　）

7 ㊉敗 決勝でおしくもヤブレル。（　　）

(八)

次の**部首のなかまの漢字**で□にあてはまる**漢字一字**を書きなさい。（20点）

〈例〉亻（にんべん）　[体]《たい》力・工[作]《さく》

ア　广（まだれ）

健[1]《こう》・倉[2]《こ》・海[3]《てい》

1（　　）　2（　　）　3（　　）

イ　頁（おおがい）

念[4]《がん》・衣[5]《るい》・[6]《がん》面

4（　　）　5（　　）　6（　　）

ウ　亻（にんべん）

[7]《しゃっ》金・自[8]《しん》・[9]《でん》記

送[10]《ふ》

7（　　）　8（　　）

9（　　）　10（　　）

(九)

次の――線の**カタカナ**を**漢字**になおして書きなさい。（16点）

1 駅の改サツロで待ち合わせる。（　　）

2 ヘチマの観サツ日記を書く。（　　）

3 今年はレイ年にない暑さだ。（　　）

4 寒レイ前線が北上する。（　　）

5 毎朝、野サイジュースを飲む。（　　）

6 試合の結果はサイ後までわからない。（　　）

7 大雨のため各地に水ガイが出る。（　　）

8 商店ガイは買い物客でにぎわう。（　　）

(十)

上の漢字と下の□の中の漢字を組み合わせて**二字のじゅく語を二つ作り、記号**で書きなさい。（20点）

〈例〉室　[ア外　イ教　ウ海　エ体　オ読]

（イ）室　室（ア）

1 愛　[ア満　イ犬　ウ英　エ公　オ熱]

（　　）愛　愛（　　）

2 灯 （　　）灯　灯（　　）

ア消	イ訓	ウ臣	エ台	オ卒

3 果 （　　）果　果（　　）

ア令	イ結	ウ血	エ産	オ物

4 失 （　　）失　失（　　）

ア兆	イ徒	ウ敗	エ消	オ印

5 景 （　　）景　景（　　）

ア気	イ量	ウ光	エ浴	オ博

(十) 次の――線の**カタカナ**を**漢字**になおして書きなさい。（40点）

1 季節はずれの台風が上**リク**した。（　　）

2 えんぴつのしんがぽきんと**オ**れる。（　　）

3 合**ショウ**コンクールに出場する。（　　）

4 テーブルの中央に花びんを**オ**く。（　　）

5 母の作ったにぎり**メシ**をほおばる。（　　）

6 試合の前に作**セン**を練る。（　　）

7 手品が成**コウ**するまで何度も練習した。（　　）

8 外国の人に**エイ**語であいさつをした。（　　）

9 図書館の自習室は**シズ**かだった。（　　）

10 **アタ**り一面きりがかかっている。（　　）

11 庭に大**リン**のキクがさいている。（　　）

12 学**ゲイ**会のげきの練習をする。（　　）

13 **ナ**いている弟にやさしく声をかける。（　　）

14 校庭のクスノキに小鳥が**ス**を作る。（　　）

15 製品が大**リョウ**に売れ残る。（　　）

16 みこしをかつぐ人の**イサ**ましい声がする。（　　）

17 **キ**用な手つきでリンゴの皮をむく。（　　）

18 新しい年をみんなで**イワ**う。（　　）

19 夕食の**ザイ**料を市場に買いに行く。（　　）

20 雨がふらず川が**アサ**くなる。（　　）

実力完成テスト 2

時間	60分
合格点	140/200
得点	

(一) 次の――線の**漢字の読み**を**ひらがな**で書きなさい。（20点）

1 日本の各地で米を**生産**している。（　　）
2 四百メートルリレーの選手に**選**ばれる。（　　）
3 自分の**健康**について関心を持つ。（　　）
4 予想外の**結末**におどろく。（　　）
5 ゴール目指して先を**争**って走り出す。（　　）
6 有名な日本画家が**功労**賞《しょう》を受ける。（　　）
7 ふり**続**いた雨で川の流れが速い。（　　）
8 母から先生への**伝言**をたのまれる。（　　）
9 ヒマワリの**種**をリスのえさにする。（　　）
10 家を**建**てるのに多くの費《ひ》用がかかった。（　　）
11 カヌーに乗って川下りを**体験**する。（　　）
12 学級新聞の記事に見出しを**付**ける。（　　）
13 年に一度の**祭典**が開かれた。（　　）
14 広い草原に羊を**放牧**する。（　　）
15 食事の後で**熱**いコーヒーを飲む。（　　）
16 おじの店は近ごろ**景気**が良い。（　　）
17 夕食はサンマの**塩焼**きを食べた。（　　）
18 晴れた日に**衣類**の虫ぼしをする。（　　）
19 ピアノが上達するよう練習を**積**む。（　　）
20 **良薬**は口に苦し（　　）

(二) 次の各組の――線の**漢字の読み**を**ひらがな**で書きなさい。（10点）

1 水道のない生活は**不便**だった。（　　）
2 外国に住む友人に**便**りを出す。（　　）

3 切りたおされた大木の**年輪**を数える。（　　）
4 犬の**首輪**を取りかえる。（　　）
5 ここは昔の**戦場**あとだ。（　　）
6 ライバルチームと**戦**う。（　　）
7 山の上の天気が**急変**する（　　）
8 雪がふって校庭の景色が**変**わる。（　　）
9 音楽室の楽器を**借用**する。（　　）
10 学校図書館で本を**借**りる。（　　）

(三) 次の——線の**カタカナ**に合う**漢字**をえらんで**記号**で書きなさい。（20点）

1 そう音も公**ガイ**の一つだ。（ア害　イ街　ウ外）（　　）
2 新緑が美しい**キ**節になる。（ア希　イ季　ウ機）（　　）
3 学校の**シュウ**囲《い》をそうじする。（ア習　イ集　ウ周）（　　）
4 今週は一ぱんが**キュウ**食当番だ。（ア球　イ急　ウ給）（　　）
5 信号のある交さ点を左**セツ**する。（ア折　イ切　ウ雪）（　　）
6 児童会の**フク**会長をつとめる。（ア副　イ福　ウ服）（　　）
7 映《えい》画の**カン**結編《へん》が公開された。（ア完　イ感　ウ関）（　　）
8 古い道具を**カイ**良して使う。（ア械　イ開　ウ改）（　　）
9 **キュウ**人のポスターをかべにはる。（ア求　イ球　ウ給）（　　）
10 山の天**コウ**は変わりやすい。（ア港　イ康　ウ候）（　　）

(四) 次の1〜5の漢字の**太い画**のところは**筆順の何画目**か、6〜10の漢字の**総《そう》画数は何画**か、**算用数字**（1、2、3…）で答えなさい。（10点）

〈例〉正（3）

1 勇（　　）
2 建（　　）
3 機（　　）
4 刷（　　）
5 焼（　　）

〈例〉字（6）

6 愛（　　）

7 観（　　）

8 飯（　　）

9 察（　　）

10 香（　　）

(五) 次の漢字の読みは、**音読み（ア）**ですか、**訓読み（イ）**ですか。**記号**で答えなさい。（20点）

〈例〉力《ちから》→（イ）

1 鏡《かがみ》（　　）

2 挙《きょ》（　　）

3 席《せき》（　　）

4 菜《な》（　　）

5 軍《ぐん》（　　）

6 末《すえ》（　　）

7 松《まつ》（　　）

8 良《りょう》（　　）

9 旗《き》（　　）

10 岡《おか》（　　）

(六) 後の□の中のひらがなを漢字になおして、意味が反対や対《つい》になることば（対義《ぎ》語）を書きなさい。□の中のひらがなは**一度だけ**使い、**漢字一字**を書きなさい。（10点）

〈例〉内海―（外）海

1 運動―（　　）止

2 最終―最（　　）

3 公共―（　　）間

4 欠ける―（　　）ちる

5 平行―交（　　）

さ・しょ・せい・み・みん

(七) 次の――線の**カタカナ**を〇の中の**漢字と送りがな**（ひらがな）で書きなさい。（14点）

〈例〉㊣ **タダシイ**字を書く。（正しい）

1 ㊞覚 パソコンの使い方を**オボエル**。（　　）

2 ㊞働 工場で多くの人が**ハタラク**。（　　）

3 ㊞散 風がサクラの花びらを**チラス**。（　　）

4 ㊞戦 たがいに力のかぎり**タタカウ**。（　　）

5 ㊞照 月の光が水面を**テラス**。（　　）

6 (努) ゴミをへらすようにツトメル。（　　）（　　）

7 (残) こづかいを少しだけノコス。（　　）（　　）

(八)

次の**部首のなかまの漢字**で□にあてはまる**漢字一字**を書きなさい。（20点）

〈例〉イ（にんべん）　[体]《たい》力・工[作]《さく》

ア 心（こころ）

感[1]《そう》・記[2]《ねん》・[3]《ひつ》要

1（　　）　2（　　）　3（　　）

イ 氵（さんずい）

[4]《ぎょ》業・入[5]《よく》・自[6]《ち》会

4（　　）　5（　　）　6（　　）

ウ 言（ごんべん）

会[7]《ぎ》・[8]《せつ》明・相[9]《だん》・[10]《ちょう》理

7（　　）　8（　　）　9（　　）　10（　　）

(九)

次の――線の**カタカナ**を**漢字**になおして書きなさい。（16点）

1 **セイ**流でアユをつる。（　　）

2 つくえの引き出しを**セイ**理する。（　　）

3 **キ**望したクラブに入れた。（　　）

4 音楽室で楽**キ**をえんそうする。（　　）

5 ソフトボール大会に**サン**加した。（　　）

6 犬を連れて池の周りを**サン**歩する。（　　）

7 遠足は天**コウ**にめぐまれた。（　　）

8 飛行機が空**コウ**に着陸する。（　　）

(十)

上の漢字と下の□の中の漢字を組み合わせて**二字のじゅく語を二つ作り、記号**で書きなさい。（20点）

〈例〉室　[ア外　イ教　ウ海　エ体　オ読]　（イ）室　室（ア）

1 達　[ア伝　イ灯　ウ包　エ末　オ成]　（　　）達　達（　　）

2 別　**ア**億　**イ**特　**ウ**速　**エ**室　**オ**孫
（　）別　別（　）

3 要　**ア**欠　**イ**省　**ウ**重　**エ**戦　**オ**点
（　）要　要（　）

4 順　**ア**芸　**イ**打　**ウ**願　**エ**位　**オ**単
（　）順　順（　）

5 変　**ア**化　**イ**徒　**ウ**急　**エ**灯　**オ**徳
（　）変　変（　）

(十) 次の——線の**カタカナ**を**漢字**になおして書きなさい。（40点）

1 赤ちゃんの**ワラ**った顔がかわいい。（　）

2 徒**キョウ**走とつな引きに出場する。（　）

3 放**カ**後、友達と運動場で遊ぶ。（　）

4 **ウメ**の花のかおりが庭にただよう。（　）

5 今朝はしもがおりて気温が**ヒク**い。（　）

6 ビデオに**ロク**画しておいた番組を見る。（　）

7 父は長年このカメラを**アイ**用している。（　）

8 雪を**カタ**めて雪だるまを作る。（　）

9 春分の日は国**ミン**の祝日だ。（　）

10 今年の目**ヒョウ**を筆で大きく書く。（　）

11 自**ゼン**を守るために活動する。（　）

12 スタジアムは**カン**客でいっぱいだった。（　）

13 **サク**年は米のできがよくなかった。（　）

14 **ム**農薬で育てた野菜を手に入れる。（　）

15 花だんにパンジーの**タネ**をまく。（　）

16 友達からまん画の本を**カ**りて読む。（　）

17 母は百**カ**店で買い物をした。（　）

18 晴れの日はカレンダーに**シルシ**をつける。（　）

19 右**ガワ**通行を守ってろう下を歩く。（　）

20 秋の野山の風**ケイ**を写生する。（　）

解答編

（×はまちがえやすい例です）

1 漢字の読み 1

1 どりょく
2 おさ
3 いるい
4 お
5 やぶ

注意
「タイ」という音読みと「お(びる)」「おび」という訓読みがある。

6 くんれん
7 でんとう
8 やしな
9 にいがた
10 くらい
11 にっしょう
12 なかよ
13 ほうぼく
14 あらた
15 ちょうせつ

2 漢字の読み 2

1 あた
2 せいか
3 お
4 たね
5 まんいん
6 せいりゅう
7 ひく
8 えひめ
9 まつ
10 さんぽ
11 ねっしん
12 むす
13 ゆうき
14 みんわ　×みんよう
15 はぶ

注意
「セイ」「ショウ」という音読みと「かえり(みる)」「はぶ(く)」という訓読みがある。

3 漢字の読み 3

1 しょくえん
2 しゅくじつ　×しゅくび
3 ゆうや
4 おぼ
5 しぜん
6 お
7 でんき
8 べんり
9 と
10 さいたま
11 さつたば
12 ひゃっかてん
13 た
14 いんさつ
15 あつ

注意
「鉄は熱いうちに打て」は、「人間は若いうちに鍛えておくことが大事」という意味のことわざである。

4 漢字の読み 4

1 て
2 はつが
3 さいてん
4 かた
5 しず
6 あんしょう
7 のこ
8 ちあん
9 ぞくしゅつ
10 す
11 ようてん
12 つめ
13 かんけい
14 あさ

注意
「浅い川も深くわたれ」は、「安全に思えるところでも用心せよ」という意味のことわざである。

15 かだい

5 漢字の読み 5

1 ふうけい
2 やくそく
3 まわ
4 な
5 かにゅう

注意 「加入」の対義語は「脱退」である。

6 しょうせつ
7 しか
8 けいば ×きょうば
9 さか
10 つ
11 きろく
12 うめ
13 ていか
14 はじ
15 りょうやく

6 漢字の読み 6

1 けんこう
2 まい
3 きぼう
4 ちょっけつ ×ちょくけつ
5 つ
6 まちかど
7 なわ
8 じゅうよう
9 じょう
10 しが
11 か
12 さくや
13 かんこう
14 はくがく

注意 「博学」は、「さまざまな学問に通じていること」「物知り」。

15 か

7 漢字の読み 7

1 つ

注意 「つら(なる)」「つら(ねる)」という訓読みもある。

2 ぎふ
3 ねが
4 こうろうしゃ
5 きょうりょく
6 えいよう
7 きゅうしょく
8 めし
9 み
10 かいてい
11 つつ
12 がいこうかん
13 ひょうてき
14 お
15 あん

8 漢字の書き 1

1 民
2 笑
3 輪
4 焼
5 信
6 印
7 散
8 議

注意 「義」「儀」「犠」など同じ音読みと同じつくりがある漢字に注意。

9 帯
10 働
11 兆
12 縄
13 陸
14 栄
15 共

9 漢字の書き 2

1 最
2 清

注意 「青」「静」「精」「晴」など同じ部分が読みで同じ音ある漢字に注意。

3 望
4 旗
5 巣
6 候
7 説
8 芽
9 然
10 辺
11 達
12 願
13 競
14 材
15 灯

10 漢字の書き 3

1 唱
2 井
3 念
4 残
5 満
6 種
7 梨
8 便 ×使
9 卒 ×率
10 浅

注意 「浅い」の対義語は「深い」である。

11 香
12 浴
13 貨
14 積
15 末

11 漢字の書き 4

1 街
2 飛

注意 筆順に気をつけたい漢字。とくに四画目が中央の縦画であることに注意。

3 賀
4 鏡
5 底
6 参
7 各
8 孫
9 挙 ×上
10 戦
11 極
12 熊 ×態
13 必
14 束
15 然

12 漢字の書き 5

1 塩
2 群
3 察 ×祭
4 徒
5 仲 ×中
6 位
7 愛
8 冷
9 祝
10 選
11 害
12 共 ×友
13 覚

注意 「さ(ます)」「さ(める)」という訓読みもある。

14 管
15 熱

13 漢字の書き6

1 帯
2 景
3 輪
4 要
5 置
6 牧
7 菜
8 静
9 漁
10 康

注意 「健康」の対義語は「病気」である。

11 梅
12 果
13 利
14 固
15 覚

14 漢字の書き7

1 産
2 折
3 器
4 功
5 鹿
6 副 ×福
7 清
8 続
9 昨 ×作
10 変
11 参
12 菜
13 札

注意 「ふだ」は訓読み、音読みは「サツ」で「札束」「改札」などの熟語がある。

14 英
15 側

15 音読みと訓読み1

1 かんかく
2 さ
3 いんさつ
4 す
5 ていくう
6 ひく
7 やくそく
8 はなたば
9 ひつよう
10 かなら
11 かんれん
12 つら
13 ぶじ

注意 「ム」という音読みもあり、「無理」「無料」などの熟語がある。

14 な
15 かんせい
16 な

16 音読みと訓読み2

1 しんりんよく
2 あ
3 えいよう
4 さか
5 ていへん
6 あた
7 ほうたい
8 つつ
9 けっそく ×けつそく
10 むす
11 ふべん

注意 「ビン」という音読みもあり、「郵便」「宅配便」などの熟語がある。

12 たよ
13 ねんがん
14 ねが
15 うせつ
16 お

17 漢字えらび 1

1 イ

注意 「目標」の類義語は「目的」である。

2 ウ
3 イ
4 ア
5 ウ
6 ア
7 ア
8 イ
9 ア

注意 「冷静」の対義語は「興奮」である。

10 イ
11 ア
12 ウ
13 ア
14 ア

18 漢字えらび 2

1 イ
2 ア
3 ア
4 ウ
5 イ
6 ウ
7 イ
8 ア
9 ウ
10 イ
11 イ
12 ウ
13 ア
14 イ

19 筆順・画数 1

1 5
2 4
3 3
4 7
5 7
6 9
7 7
8 9
9 4
10 7
11 3
12 5
13 6
14 10
15 18
16 12
17 12
18 15
19 15
20 14
21 18
22 10
23 10
24 15
25 8
26 13

20 漢字の音と訓 1

1 ア
2 ア
3 イ
4 イ
5 ア
6 イ
7 ア
8 イ
9 ア
10 ア
11 イ
12 イ
13 ア
14 ア
15 イ
16 イ
17 ア
18 イ
19 イ
20 ア
21 ア
22 イ
23 イ
24 ア
25 イ
26 ア
27 ア
28 イ
29 ア
30 イ

21 対義語 1

(1)
1 差
2 良

注意
「悪」と「良」が使われている対義語には、「悪質」⟷「良質」などがある。

3 健
4 浅
5 然
6 望

(2)
1 冷
2 治
3 満
4 陸
5 低
6 敗

22 対義語 2

(1)
1 単
2 辺
3 争
4 害
5 果
6 副

(2)
1 利
2 無

注意
「無」のほかに「不」「非」「未」などの否定の漢字を使った対義語もある。

3 席
4 泣
5 初
6 低

23 漢字と送りがな 1

1 付ける
2 浅い
3 伝える

注意
「つた(わる)」「つた(う)」という訓読みがあることから、漢字は「つた」と読むことがわかる。

4 帯びる
5 養う
6 必ず
7 覚める
8 量る
9 加わる
10 包む
11 照らす
12 争う
13 群れる
14 失う
15 連なる

24 漢字と送りがな 2

1 静かな
2 働く
3 求める
4 続ける
5 選ぶ
6 栄える
7 散らばる
8 試みる
9 戦う
10 産まれる
11 努める
12 欠ける
13 冷たい

注意
「ひ(える)」「ひ(や)」「ひ(やす)」「ひ(やかす)」「さ(める)」「さ(ます)」という訓読みもある。

14 建てる
15 折れる

25 同じ部首の漢字1

1 利・前・列
2 健・信・付・伝
3 連・辺・達
4 隊・陸・陽

注意
「へん」なので、漢字の左側にある部分であることに注意。

5 改・放・散・敗
6 府・庭・底
7 園・図・固
8 熱・然・照
9 芸・荷・芽・英
10 念・想・愛

26 同じ読みの漢字1

1 照
2 唱
3 官
4 管
5 福
6 副
7 産

注意
「生産」の対義語は「消費」である。

8 散
9 老
10 労
11 隊
12 帯
13 争
14 倉
15 徳
16 特
17 低
18 底

27 同じ読みの漢字2

1 器
2 旗
3 害
4 街
5 標
6 票
7 刷
8 札
9 令
10 冷
11 養
12 要
13 児
14 治
15 説
16 節
17 功

注意
「成功」の対義語は「失敗」である。

18 好

28 じゅく語作り1

1 ウ・オ
2 ウ・イ
3 オ・ア

注意
「南側」の「かわ」は訓読み、「側面」の「ソク」は音読みである。

4 エ・イ
5 ア・ウ
6 オ・イ
7 エ・ア
8 イ・ウ
9 エ・イ
10 ウ・オ
11 エ・イ
12 イ・オ

注意
「漁」には、「大漁」のときのように「リョウ」、「漁業」のときのように「ギョ」という音読みがある。

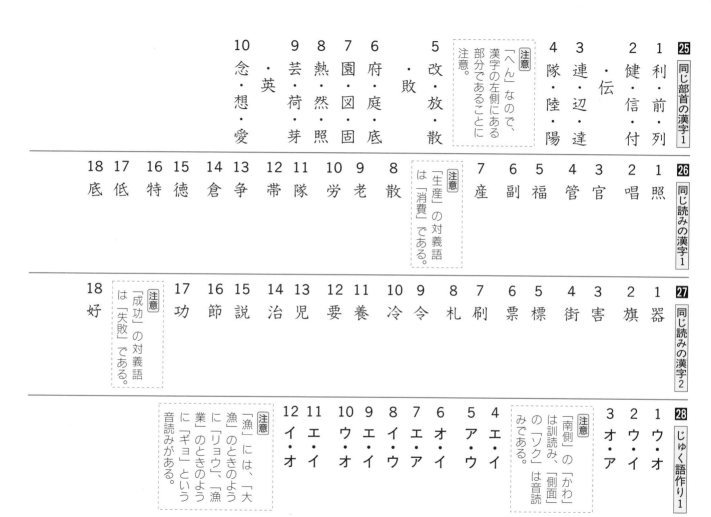

29 じゅく語作り2

1 イ・ウ
2 エ・ア
3 イ・オ
4 エ・ア
5 エ・オ
6 ア・エ
7 エ・イ
8 ウ・エ
9 エ・イ

注意 「景」を使った熟字訓に「景色(けしき)」がある。

10 イ・オ
11 ウ・エ
12 オ・エ

30 漢字の読み8

1 あいけん
2 め
3 とくさんひん
4 かか
5 ふつう
6 ふくさよう
7 ろくおん
8 いちりんしゃ
9 と
10 にっか
11 だいな

注意 「台無し」は、「ものごとがすっかりだめになること」という意味である。

12 かがみ
13 たいけん
14 てつだ
15 だいじん

31 漢字の読み9

1 やじるし
2 せきはん
3 とくばいひん
4 あ
5 ふけん
6 たよ
7 えら
8 さべつ
9 ひっし
10 かなめ
11 てんこう
12 あらそ
13 じゅんろ
14 かくち
15 う

注意 「案ずるより産むがやすし」は、「最初は心配したこともやってみれば意外に簡単にできること」という意味のことわざである。

32 漢字の読み10

1 じどうかい
2 はた
3 いか
4 おき
5 とも
6 か
7 つうしん
8 ぎょこう
9 いろず
10 じょうりく
11 もっと
12 きそ
13 は
14 はか
15 ねん

注意 「念には念を入れよ」は、「注意のうえにもさらに注意をしなさい」という意味のことわざである。

33 漢字の読み 11

1 たんい
2 えいかいわ
3 ち
4 みぎがわ

注意 訓読みは「かわ」で「がわ」とはにごっていないが、「海側」「外側」のように「がわ」で使われることが多い。

5 おきなわ
6 まご
7 じしょ
8 かなら
9 ざいりょう
10 わか
11 ちょっけい
12 わ
13 えんげい
14 たぐ
15 けっせき

34 漢字の読み 12

1 かんぜん
2 てしお

注意 「手塩にかける」は、「自ら面倒をみる」という意味の慣用句。

3 きょしゅ
4 わら
5 せんそう
6 さんかんび
7 な
8 な
9 しつれい
10 くら
11 なら
12 ちょう
13 きよ
14 とざんたい
15 す

35 漢字の書き 8

1 席
2 勇
3 無
4 録
5 求
6 械
7 変

注意 「変化する」という意味の「カわる」なので、「変わる」が正しい。

8 億
9 結
10 照
11 案
12 塩
13 改
14 便
15 標 ×票

36 漢字の書き 9

1 結

注意 「結果」の対義語は「原因」である。

2 城
3 包
4 的
5 泣 ×鳴
6 刷
7 香
8 側
9 借
10 衣
11 旗
12 芸
13 祝
14 特 ×得
15 願

37 漢字の書き 10

1 票
2 管
3 漁
4 低

注意 「低い」の対義語は「高い」である。

5 積
6 末
7 続
8 松
9 失
10 加
11 位
12 求
13 省
14 好
15 老

38 漢字の書き 11

1 挙
2 季
3 望
4 隊
5 街
6 倉
7 養
8 陸
9 産
10 敗
11 料
12 類
13 努

注意 同訓異字「務める」「勤める」と使い分けができるようにしておきたい。

14 量
15 改

39 漢字の書き 12

1 司
2 満
3 約
4 的
5 課
6 博
7 選
8 連
9 希
10 飯
11 鏡
12 末
13 折
14 種
15 最

40 音読みと訓読み 3

1 まんてん
2 み
3 めんせき
4 つ
5 すいりょう
6 はか
7 ねったいぎょ
8 お
9 ちょういん
10 しるし
11 ねんりん
12 くびわ
13 こうねつ
14 あつ
15 はいち
16 おきもの

注意 「置く」という動作を表す場合は、「く」を送る。

41 音読みと訓読み 4

1 かいさつぐち
2 あらた
3 でんごん
4 つた
5 ぼうえん
6 のぞ
7 たいぐん
8 む
9 ざんねん
10 のこ
11 しょくえん
12 しおや
13 はんせい
14 はぶ
15 ゆうき
16 いさ

42 漢字えらび 3

1 ウ
2 イ
3 ウ
4 ア
5 イ
6 ウ
7 イ
8 ウ
9 イ
10 ア
11 ウ

注意 「日々の課題」という意味なので、「日課」が正しい。

12 ア
13 ウ
14 ア

43 漢字えらび 4

1 ウ
2 ア
3 ウ
4 イ
5 イ
6 ウ
7 ア
8 イ
9 ウ
10 イ
11 ア
12 ウ

注意 「戦争」の対義語は「平和」である。

13 ア
14 イ

44 筆順・画数 2

1 9
2 18
3 7
4 8
5 3
6 4
7 4
8 12
9 4
10 12
11 11
12 12
13 1
14 11
15 12
16 15
17 19
18 9
19 9
20 12
21 13
22 20
23 11
24 12
25 11
26 12

45 漢字の音と訓 2

1 イ
2 ア
3 イ
4 イ
5 ア
6 ア
7 イ
8 イ
9 ア
10 イ
11 ア
12 イ
13 ア
14 ア
15 イ
16 ア
17 イ
18 イ
19 ア
20 イ
21 ア
22 ア
23 イ
24 イ
25 ア
26 イ
27 ア
28 ア
29 イ
30 ア

46 対義語 3

(1)
1 昨
2 失
3 差
4 初
5 徒
6 器

(2)
1 無
2 主
3 散
4 黒

注意 「赤字」は、「支出が収入をこえること」。「支出」↔「収入」の関係も覚えておきたい。

5 功
6 部

47 対義語 4

(1)
1 敗
2 始
3 未
4 低
5 底
6 満

(2)
1 続
2 着

注意 「始発駅」に対して「終着駅」という言い方があることを覚えておきたい。

3 働
4 冷
5 初
6 不

48 漢字と送りがな 3

1 最も
2 祝う
3 願う
4 好む

注意 「す(く)」という訓読みもある。

5 望む
6 残る
7 飛ばす
8 案ずる
9 省く
10 借りる
11 改める
12 変わる
13 敗れる
14 老いた
15 満たす

49 漢字と送りがな4

1 群れる
2 笑う
3 低い
4 結ぶ
5 固める
6 治める
7 唱える
8 浴びる
9 焼ける
10 果たす
11 信じる
12 積もる
13 挙げる
14 別れる

注意 「分かれる」との使い分けができるようにしておきたい。

15 清める

50 同じ部首の漢字2

1 練・約・給
2 完・察・官
3 努・功・勇・労
4 径・徒・徳
5 議・談・課
6 折・投・指
7 願・類・顔

注意 「おおがい」は「つくり」なので、漢字の右側にある部分であることに注意。

8 標・極・様・材
9 漁・満・浴
10 笑・管・笛

注意 「かんむり」なので、漢字の上にかぶせる部分であることに注意。笛のたけかんむりの下は「田」ではなく「由」である。

51 同じ読みの漢字3

1 例
2 令
3 料
4 量
5 鏡
6 競
7 最
8 菜
9 改
10 械
11 積
12 席
13 衣
14 位
15 課
16 加
17 府
18 夫

52 同じ読みの漢字4

1 照
2 唱
3 省
4 静
5 典
6 点
7 貨
8 果
9 単
10 炭
11 研
12 健
13 覚
14 角
15 伝
16 電
17 景
18 径

53 じゅく語作り3

1 オ・イ
2 オ・ア
3 エ・ウ
4 エ・イ
5 オ・ア

注意 「牧場」は、「ぼくじょう」「まきば」という二通りの読み方ができる。

6 イ・エ
7 ウ・オ
8 ア・エ
9 ウ・ア
10 イ・ウ
11 オ・ウ
12 ウ・オ

54 じゅく語作り4

1 オ・イ
2 エ・ウ
3 オ・イ
4 エ・ア
5 オ・エ
6 ア・ウ

注意 「長老」は、「経験豊かな老人」を敬った言い方。

7 エ・ア
8 ア・エ
9 ウ・ア
10 オ・ウ
11 ウ・オ
12 イ・ウ

実力完成テスト1

(一)
1 て
2 しゅざい
3 みてい
4 でんらい
5 ときょうそう
6 なお
7 さか
8 かだい
9 りょう
10 はなたば
11 なかよ
12 ろくが
13 せいぜん
14 かた
15 か
16 つつ
17 おぼ
18 けっか
19 ねっちゅう
20 や

注意 「焼け石に水」は、「少しのことでは役にたたないこと」という意味のことわざである。

(二)
1 ひつよう
2 かなら
3 しょほ
4 はつゆき
5 よくしつ
6 あ
7 ぼうえん
8 のぞ
9 めいさん
10 う

(三)
1 ウ
2 ア
3 イ
4 ウ
5 イ
6 ア
7 ウ
8 ウ
9 イ
10 ア

(四)
1 5
2 13
3 3
4 13
5 8
6 14
7 11
8 20
9 11
10 15

(五)
1 ア
2 ア
3 イ
4 ア
5 イ
6 イ
7 イ
8 ア
9 イ
10 イ

(六)
1 副
2 無
3 然
4 冷
5 利

(七)
1 香る
2 養う
3 求める
4 続ける
5 覚える
6 加わる
7 敗れる

(八)
1 ア 康
2 庫
3 底

注意 「たれ」なので、漢字の上部から左下に垂れている部分であることに注意。

4 イ 願
5 類
6 顔
7 ウ 借
8 信
9 伝
10 付

(九)
1 札
2 察
3 例
4 冷
5 菜
6 最
7 害
8 街

(十)
1 オ・イ
2 ア・エ
3 イ・オ
4 エ・ウ
5 ウ・ア

(十一)
1 陸
2 折
3 唱
4 置
5 飯
6 戦
7 功
8 英
9 静
10 辺
11 輪
12 芸
13 泣
14 巣
15 量
16 勇
17 器
18 祝
19 材
20 浅

実力完成テスト2

(一)
1 せいさん
2 えら
3 けんこう
4 けつまつ
5 あらそ
6 こうろう
7 つづ
8 でんごん
9 たね
10 た
11 たいけん
12 つ
13 さいてん
14 ほうぼく
15 あつ
16 けいき
17 しおや
18 いるい
19 つ
20 りょうやく

注意 「良薬は口に苦し」は、「自身のためになる忠告はききづらい」という意味のことわざである。

(二)
1 ふべん
2 たよ
3 ねんりん
4 くびわ
5 せんじょう
6 たたか
7 きゅうへん
8 か
9 しゃくよう
10 か

(三)
1 ア
2 イ
3 ウ
4 ウ
5 ア
6 ア
7 ア
8 ウ
9 ア
10 ウ

(四)
1 5
2 9
3 14
4 3
5 9
6 13
7 18
8 12
9 14
10 9

(五)
1 イ
2 ア
3 ア
4 イ
5 ア
6 イ
7 イ
8 ア
9 ア
10 イ

(六)
1 静
2 初
3 民
4 満
5 差

(七)
1 覚える
2 働く
3 散らす
4 戦う
5 照らす
6 努める
7 残す

(八)
ア
1 想
2 念
3 必
イ
4 漁
5 浴
6 治
ウ
7 議
8 説
9 談
10 調

(九)
1 清
2 整
3 希
4 器
5 参
6 散
7 候
8 港

(十)
1 ア・オ
2 イ・エ
3 ウ・オ
4 イ・エ
5 ウ・ア

(十一)
1 笑
2 競
3 課
4 梅
5 低
6 録
7 愛
8 固
9 民
10 標
11 然
12 観
13 昨
14 無
15 種
16 借
17 貨
18 印
19 側
20 景